Jösses, Moarré un Josep

Chressdôgsgedaanke uis de Rhö

von Franz Habersack

Jösses, Moarré un Josep

Chressdôgsgedaanke uis de Rhö

von Franz Habersack

parzellers
BUCHVERLAG

ISBN 978-3-7900-0573-8

Layout Umschlag und Inhalt: Peter Link
Fotos ohne Hinweis: Luke Göb und Felix Bayer
Druck- und Verarbeitung: Rindt-Druck, Fulda

Bo schdett bôs?

Prolog – Bé's zo dämm Titel kom

„Schönne Goode. Franz Habersack, hônnôtzwanzich Hekta, verzich Feärglsäu un ledich."

Ess woar en woarme Sonndich im August. Bé ä Gluck üwô ihrne Eiô hoonk dé Sonn brütend üwôm Laand. Dé Luft hôt vibriert vom Insekdegebromm un ess Hei uff de Wies hôt bé schwoarze Tee gerôche. Ich hatt mich grôd ewenk uff dé Baank hengô de Schörn gesôtzt, dô klingelt ess Telefon.

„Franz, ich würde gerne im Dezember eine Lebkuchenlesung mit dir machen."

„Hä? Lahkôche?"

„Nein, Lebkuchen."

„Soarn ich doch, Lahkôche."

„Ach so, jaja, vielleicht hast du zum Thema ‚Geschichten rund um die weihnachtliche Rhön' etwas auf Lager."
Zeerscht hônn ich gedoaicht, dää wallt mich veräbbl, äwwô dää hôt kei Roh gelôsse.
Also hônn ich min Hoind genomme un senn losmarschiert. Beim Laufe komme mir immô dé bäsde Gedaanke. Un tatsächlich hôtts geschnagglt, de Kulli hôt geglöht un dé Zédl woarn im Nu vohl. Nur en Titel wallt mô öms verrecke net iefall. Beim Thema Chressdôg sallts nadörlich au äbbes kadholisches sei.

Nu ess jô so, mô kônn vill üwô dé Kerch gekrüsch. Ess ess leidô so, dess dô so ä boar Dormel debei senn, dé sich net kônne beherrsch un dé eichene Réchele nett kônne iegehall.
Immô meh Lüüt traade deswäche uis de Kerch uis. Dôs kônn ich got verschdeh. Doch ess senn net ôll schlächt un ess gitt au vill goodes. Dé Kerch hôt ôns, grôd in de Gäächend öm Foll, gepräacht. Kulturell, gesellschaftlich un au vo de Schprôch hää. Dôs Kerchevokabular ess ôns in Fleisch un Bloot üwôgegange un werd oft els Synonym genôtzt.
Bää net weiß bôs ä Synoynm ess, dämm sei gesoart: Dôs ess bann mô äbbes seärt, äwwô äbbes ganz annôres meint un dää, dää zohört weiß bôs mô meint, obwohl môsch goarnet gesoart hôt.

Zum Beischbiel bezeichne mir uissichtslose Aktione gern els **Himmelfahrtskommando** un falsche Fuchzichô els **schieheilich.**
Bann de **Kelch** ôn ôns vorrüwô gange ess, soarn mir ohne nôchzedäänke **Gott sei dank,** obwohl dô nie en Kelch woar un Gott nur els Floskel dént.

De **Himmel** ess für ôns Chrisde sobéso meh els nur ä Stratosphäre.
Dô owe senn Firmensitz, Beobachtungsplattform un Wäädôschaltzentrale von de Gott GmbH.
Bei Gewiddô roffe mir: „de **Himmel** zankt" un nahme Rachengold, weil de **Petrus** grollt. „Bann dé **Chrisde walle,** kömmt de Räh gefalle", soarn se bann se bei de Fronleichnamsprozession wir emô putschnass geworn senn.
Bää wönscht sich net mit sim **Engel,** bé **Gott** in Frankreich uff de Wolke Siewe ze wohne.
Ess reinst **Paradies** ess, bann **Oster** un **Chressdôg** uff änn Dôg falle, dann lôsse mir de **Herrgott** en goode Mann sei.

Prakdische Lebenshilfe fenge dé christliche Synonym-Vokabulisde in Schprüch bé: „Dé Buinn deffe nur so déf öngô dé Ääd, dess se dé **Kercheglocke** noch kônne gehür."

Bann emô äbbes schief gelaufe ess trösde mir ôns mit: „Ess ess noch känn Meisdô vom **Himmel** gefalle. Banns **Herrgödde** well un dé Köh denze, werds beim nächsde mô bässô. Jedô hôtt si **Krütz** ze troarn. Mach dich verrückt, ess **Chresskengé** hôt au känn Mann."

Kulinarisch hôt de christlich Schprôchschatz au einiches ze biede:
„Ess Bäst senn kôrze **Gebääde** un lange Brôtwörscht." **Christ**schdolle, senn kei kadholische Bergwerke, dôs senn Kôche mit Orangeat un Zitronat.
Bää däänkt, dess **Nonne**förtz klerikale Blähunge senn, dää täuscht sich. Dôs senn Pfeffernüsse.
Fleischässô verteidiche sich gern gääche Vegetariô mit dämm

Satz: „Bann **Gott** gewollt hätt, dess mir Körnô ässe, hädde ôns en Schnôbl gegah." So Schprüch hört mô oft ôm Schdamm-düüsch, bo dé **Gesangsböchô** Hänkl hônn. „Jông **bäät,** dinn Vôddô süfft."

Rechdich haptisch werds, bann de Mann dehei dé **Levitte** geläase krecht. Dô gitts **Sanktus.** Bann dé Keng net gehorche, seart dé Môdô: „Schwatz ich **hebräisch?** Gleich gitts eins henge druff, dô hôtt es Ärsché **Kermes** (Kirchweih)." Denôch schdenn se wir dô bé dé **Orchelpüffe.**
Manchmô bann sich dé Kütz schmisse, gitts ä boar vür´n **Tabernakel,** dess mô dé **Engel** im **Himmel** hört seng. Äwwô mô deffs au net üwôtrie un soll dé **Kerch** im Durf lôss.

Eins ess so sechô bé ess **Amen in de Kerch:** Jedô Määnsch ess annôsdô, weil ônsn´ **Herrgott** en grôsse Diergoadde hôt.
De ei schwatzt ä ganz **Lidanei** üwô **Gott** un dé Wält, de annô hôt dehei **schdell Mäss.**
Manchô ess oarm bé ä **Kerchemuis,** môss si ôll **Bichtmötzé** troar, bess zum **Sankt** Nimmôleinsdôg un sert uis bé de **Laddejupp** nôch em dredde Lanzeschdich.
Ännô ess gut**gläubich,** de annô vertraut käm, weil nirchends so vill gelooche werd bé vürm Gericht un om **Kerchhof.**
De Männô hônn sich uffgetrullôt bé dé **Pengst**oasse un dé Fraue hônn vorne ess **Aldeäré** geschmückt.
De ei ess **gottesfürchdich** un de annô machts bé de **Pfarrer** Nolte, dää hôt gemoaicht bos hää wollte.

Dé kriddische soarn:
Hengô de **Kerechbaank** senn dé Schdehende, dé von de Knéende ôm Oarsch geläckt wänn un uff de **Kercheträpp,**

wänn dé Köpp so schwer, dess se uff dé Sitt falle wääche däm schweäre **Heilicheschie.**
Dé Gemütliche aambôre: „Sei net **päpstlichô** bé de **Papst.**"
Bé ville Lüüt hônn schu in erregter Extase im Bätt **„Oh Goooott"** geroffe, ohne vürhää ess Noaichtsgebäät geschproche ze hônn.

Au uff **Fluch** un **Segen** senn **Himmel und Co** schbezialisiert.
„Himmelherrschocknochemô!" „**Himmel,** Oarsch un Zwern!"
„Herrgottsackzemänt!" ...öm nur drei ze nänne.
Dô werd geflôcht uff **Deifl** komm ruis.
Bann mô net brôv ess kömmt mô in dé **Höll,** in **Deifls** Köch, odô ess em Deifl uis de Kötz gehöppt.

Au für ôll dé Verzweifelde gitts en ganze Fundus ôn Schprüch:
„**Heilichô** Dôg, **Môddôverze, Allmächdichô, Herrgott** helf. **Oh Herr** lôss Heänn räh."
Ich glei de meistgebrucht Schpruch in de Rhö ess: „**Oh Herr** helf zerr", banns wir emô net vürone gett.
Oftmôls werd au de **heilich** Bimbam ohgeroffe odô däm sinn Kumpl, de **heilich** Schtrohsack.

Un dann gitts dé berühmt Schdeigerung des Schreckens:
Stufe 1: „**Jösses!** (Jesus)"
Stufe 2: „**Jösses nää!**"
Stufe 3: „**Jösses, Moarré!**"
Stufe 4: „**Jösses, Moarré un Josep!**"

Dôdemit hôt mô dé heilich Familie zesômme.

Un so komm ich wir zo minne Titelfindung. Bé ohfangs schu gesoart, krüsche ville üwô dé christliche Kerche, äwwô mir verdaanke dääne dôs wohl schönst Fäst vo de ganze Wält - dé Chressdôg.
Un bôs basst bässô, bann mô en Titel für ä Böchelé üwô dé Chressdôg söcht, els dé heilich Familie.
Un so kom dôs Boch zo dämm Nome.

Mich freits besondôs, dess mir ä boar Freunde Geschichde un Texde uis ihrm Fundus zur Verfüchung geschdahlt hônn. Deswääche well ich mich jetz schu bedaank bei Berthold Michel, Meggi Klüber, Frank Romstadt, Sabine Janzen un Maria Pappert.

Danke au ôn Luke Göb un Felix Bayer, für dé schönne Fôddos.

Schdell Noaicht, Heilich Noaicht

Dé orichinal Habersack Krebbôré-Figure mit Katz.

Komponist: F. Gruber 1787–1863
Text: J. Mohr 1792–1848
Mundartfassung: Franz Habersack 2022

Schdell Noaicht, heilich Noaicht.
Ôlles schlöfft, einsam wacht,
nur ess traut, hochheilich Boar.
Brôv klei Kützé mit lockiche Hoar.
Schlôff in himmlischô Roh.
Schlôff in himmlischô Roh.

Schdell Noaicht, heilich Noaicht.
Herdde hônns zeerscht betracht.
Dé Ängel senge: „Halleluja“.
Mô hörts vo wiet, mô hörts ganz noahr
Christ, de Reddô ess dô!
Christ, de Reddô ess dô!

Schdell Noaicht, heilich Noaicht.
Gottes Kénd, ach bé´s lacht.
Schtrahlt noch hällô els bé dé Sonn.
Dô schleärt ôns dé rettend´ Schdônn,
Christ, mit dinnô Geburt!
Christ, mit dinnô Geburt!

Wichdich woar, dess dé heiliche drei Köniche erscht ôm Dreikönichsdôg beim Krebbé deffde schdeh. Vürhää woarn dé uff'm Wääg ôm Westminster Gong vorbei.

Jösses, Moarré un Josep

Von Franz Habersack

Jedes Joahr, ôn de Chressdôg, feiôre mir mit vill Gedohdz un Brimborium dé Geburt vom klänne Jesuskénd. Öngô`m Chressbaum baue mir ä Krebbé uff un schdälle dô dé berühmt Geschichde von Jesus, Maria un Josef nôch. Ess Huis werd gebôtzt un zeräächt gemoaicht un in de Köch rüchts nôch sälwô gebackene Plätzôré un Festdôgsbrôde.
Chressdôgsliedô wänn ohgeschdimmt un ess werd ôns woarm öms Hätz bann mô ôn dé heilich Familie däänke. Dôdebei vergässe mir, dess dôs dômôls ganz einfache Lüüt woarn, dé im polidische Durchenannô im nahen Osten ömhäägeerrt senn un trotzdämm, im bässde Sinn, in goodô Hoffnung woarn.

Hütt, also zwäädausend Joahr schbädô, senn dé Lüüt vill schläuô un zivilisierdô bé dômôls. Äwwô, ich senn mir sechô, kei Finzé anneschdô.

Ich hônn mir emô Gedaanke gemoaicht, bé`s dääre heiliche Familie hüttzedôgs dät ergenn.

Schdällt euch vür: Maria und Josef 2.0 in Öwôniddôbäärch

Ess ess Wéndô im Joahr 2021.
Weil de Stadthalter vo Syrien unbedingt Bombe uff si Laand môsst schmiss, hôtt ess Schicksal Maria un Josef uis em klänne Nääst in de Neähr vo Damaskus, irchendwie in dé Rhö verschloar. Dé Flucht vür Hôngô un Krég hônn se üwô dé Türkei un Griechenland nôch Deutschland geschwämmt. Ess senn zah Grôd minus un siet ä boar Dôg schneits bé verrückt. Noch nie in ihrm Laawe, hônn dé so kaalt, wieß Zeuch geseähr, bôs vom Himmel fällt un uff em Gesecht zo Wassô schmäälzt.
Maria ess im nünnde Monet schwanger un für ihr Niederkunft söche se irchendwo en sechôre Platz. Doch ess Asylheim in Foll ess vohl beläht un dé Unterkunftsleitung scheckt se in dämm Zoschdaant ins Kraankehuis. Doch für dé zwää ess dôs ôlles frém un so schdieche se uis Verseähr in de falsch Bus ie.
Un dää Bus fährt un fährt. Duisse werds langsam dunkl un ôm Äng senn dé Zwää noch ganz allei in däm lange Vehikel.

Uff eimô röfft de Busfahrô: „Hé ess Endstation".
Maria un Josef gugge dä Mann frachend oh, weil se kei Wurt verschdenn.
Mit Häng un Föss macht dää Dääne kloar, dess dé hé mösse uisschdiech. Dé Düre vo däm lange Zieharmonika-Bus,

dää grössô ess bé dé Hött in dääre dé dehei gewohnt hônn, schlesse sich. Jetz schdenn se dô ôm 24. Dezämbô ôm Busshüsé in Öwôniddôbäärch mit nüscht in de Häng uisô zwää grôsse karrierde Plasdikbüddl, dé se öm dé hall Wält mitgeschlôppt hônn.

Dé einzich Herberge im Durf, de Övôwert, hôtt ôn Heilichômnd nadörlich geschlôsse, also versöche se ihr Glöck ôn ettliche Düre.

„Bää klöbbt`n dô?" röfft dé Hannebambels Minnegret un luinzt durch dôs klei Fänsdôré im Flur. Josef schdällt sich in sinne

Schprôch vür, doch dé Minnegret, dé erscht schu nemmeh got hört, förtt sich vür dääne fréme Gesechdô.
„Macht euch ab ihr Zichühnô", bröllt se, dreht de Huisdürschlössel noch emô röm un macht im Flur ess Lecht uis.

„Ihr Kinderlein kommet", senge se im Nôchbeschhuis. Dé Fördôförschdesch senn rechdiche Chressdôgsfans. Roind öm dé Fänsdô häänke bunde Lechdôkéde und im Hof schdett ä Krebbé mit mannshôche Figure. Obe ôm Balgong blinkt de Schdänn vo Bethlehem in boindiche Foarwe. Direkt denääwe baumelt ä labberich Neggelôsimmitat.
In de woarme Schduwe brännt schu de Chressbaum un dé Bescheerung ess in vollem Gang.
Josef klingelt un däänkt: „Bo gesonge werd, wohne goode Määnsche."
De Fördôförschdesch Alfred macht dé Dür uff, guckt uff dé zwää grôsse Plasdikbüddel un seärt: „Mir kaufe nüscht." Hää schmisst dé Dür so fest zo, dess de Schnee vom Vürdach rôbrötscht.
„Bää woar de dôs?" röfft dé Fördôförschdesch Gabriele.
„Zeugen Jehovas", aambôt de Alfred un schlöbbôt wir ins Wohnzimmô öm dé Geschäänke uiszepacke.
„Hütt, uff de Heilichômnd?", schömpt dé Gabriele. „Hônn dé nüscht bässôres ze dônn?"

Vom Kérchdorm luide dé Glocke zur Chressmädde.

„Mir kaufe nüscht!", seärt au dé Schlebauesch Sophie. Dé wohnt in däm klänne Hüüsé nääwe em Bömbels Erich sim Lebensmittelgeschäft. „Macht euch hei öngô Dach, ess soll en Schneeschdorm komm."

Josef kabiert, dess dé zwää au in dämm Huis net wellkomme senn. De Schnee fällt in decke Flocke un bei de Moarré sätze schu dé Wehe ieh.

Dômôls in Bethlehem, zu biblische Ziede, hädde se wenichsdens noch irechndwo en Schdall gefonge, äwwô Hütt, in dääne High-Tech-Mastbetriebe?
Ä Kénd kréch zwösche Mälkmaschinekarusell un Schwemmentmisdung, Abferkelbox un Fütterungsautomat? Zwösche riesiche Bulldogs un Biogasanlaache? Dô ess känn Platz für so en klänne Määnsch.

Zum Glöck fenge dé zwää noch fröh genunk dé Fääldschörn vom Schrinneschôsdesch Willi sim Demeter-Gnadenhof, in de Neähr vo de Landschtrôss nôch Morles.
Dô denn senn grôsse roinde Hei- un Schtrohballe, ä ôll uisgemergelt Mellichkoh un ess Minniponni von de Schrinneschosdesch Susi.
Im Schie vo em Solarbewegungsmelder, dää immô uis gett bann sich kännô bewäächt, kömmt schlieslich de klei Jong uff dé Wält.

Un dô senn kei Herdde uff'm Fäld un au sonst ess fast kei Määnsch öngôwääs. Nur dää jông Mann vom Pizzaservice und zwää Fraue vom mobile Pflegedienst kämpfe sich durch dé verschneide Schtrôsse un wänn uff dôs Flaggôlecht uffmerksam.

Un in däre Noaicht senn au drei Forscher von Greenpeace, em Max-Planck-Institut un de Leopoldina öngôwääs, öm em unbekaande Flugobjekt ze folche, dôs ôm Himmel geseähr ess worn. Bé dé zo dääre Schörn komme, fenge se dôs Kénd, iegewegglt in en ôlle Kôldô, dää in dääm Schubbe in de Äck lôg. Dé Szenerie kömmt dääne bakaant vür un so bränge se däm Kénd Weihrauch-Duftkerze, Alete-Kinderbrei un dé goldene Mastercard.

Sé informiere dé Bolizei, ess Juchendamt un en syrische Dollmetschô, öm dé Sachlaache ze begutachde.

„Sie senn also dé Vôddô vo däm Kénd?", werd de Josef gefrôcht.
„Ja, irgendwie schon, aber auch wieder nicht", üwôsätzt dää Üwôsätzô.
„Jô bôs de nu?"
„Eigentlich ist Gott der Vater, der Vater," schdammelt Josef und kömmt in Erklärungsnot, „es war eine Jungfrauengeburt."
„Soso, Jungfrauengeburt. Ess kloar. Dôs waor wohl känn Weihrauch, bôs sé dô iegeschnüfflt hônn?"
Josef werd ôbgeführt un in ä Drogenberatungszentrum gebroaicht.
Môddô un Kénd komme zunächst in ä schdaatliche Einrichdung un woadde dort uff ihr Asylverfahren.

Un so verliert sich dé Schbur von Jesus, Maria un Josef irchendwo im deutsche Beamde- un Paragraphedschungel.
Ess lätzt mô ess dôs Kénd ôm Krütz bei Frankfurt gesear worn, öm vom Fluchhafen in de Himmel uffzefoarn.

„Jösses, Moarré un Josep."

Lôsst ôns froh un môndô sei

Übersetzt von Frank Romstadt

Lôsst ôns froh un môndô sei
un ôns rächt vo Hätze frei.
Lusdich, lusdich, senn mô ôllemô,
ball ess Neggelôsôvend dô,
ball ess Neggelôsôvend dô.

Dann schdäll ich de Dehlô uff.
Negglôs´ läät beschdimmt äbbes druff.
Lusdich, lusdich, senn mô ôllemô,
ball ess Neggelôsôvend dô,
ball ess Neggelôsôvend dô.

Bann ich schlôff, dann treim au ich,
jetzt brängt Negglôs´ äbbes au für mich.
Lusdich, lusdich, senn mô ôllemô,
ball ess Neggelôsôvend dô,
ball ess Neggelôsôvend dô.

Bann ich uffgeschdanne senn,
renn ich schnäll zo mim Dehlô hin.
Lusdich, lusdich, senn mô ôllemô,
dann woar Neggelôsôvend dô,
dann woar Neggelôsôvend dô.

Negglôs´ ess en goode Mô,
hôtt ôns Keng wir äbbes Good´s gedô.
Lusdich, lusdich, senn mô ôllemô,
hütt ess Neggelôsôvend dô,
hütt ess Neggelôsôvend dô.

Foto: MATTHIAS BUEHNER - stock.adobe.com

Chresskengé

Von Franz Habersack

Jedô Määnsch weiß jô baröm Chressdôg gefeiôt werd. Ess gett öm dé Geburt Jesu un öm dé Hoffnung uff Frieden in dääre Wält.
Äwwô bann mir emô ehrlich senn getts doch öm eins ... Geschäänke. Dé Bescheerung ess de zentrale Punkt, der Orkus Casus Knacksus des Christfestes. Dé Ôlle schäänke gern, weil se sich mit de Keng freie, weil dé sich üwô dé Geschäänke vo de Ôlle freie.

Bei ôns dehei feiôre mir de Heilichômnd jedes Joahr mit de Großfamilie. Mamma, Babba, Oma, Couseng, Cousine, Onkels un Tande komme zo ôns in de goode Schduwe zesômme.
Au Onkel Bernward un mi Lieblingstande Adele.

Zur Begrüßung seärt dé jedes Joahr: „Ach, Fränzche! Schonwiddô ä Jahr rum. Mir sinn älder geworde, aber mir sin noch da. Hä-ä."
Bann ich mi Tande mösst chrakderisier, dann mit dääne zwo Silbe: „Hä-ä". Kei Määnsch uff däre Welt seärt so zoart, hingebungsvoll, jô ich well fast soar gottergeben „Hä-ä". Dôdenn schdäckt ôlles, bôs mô üwô dää Määnsch môss wess.
Mö könnt ja au gesoar: „Jôjô" odô „so essess", odô „ich nahm ess Schicksal oh bé´s kömmt." Tande Adele seärt: „Hä-äh."

Ess ess jô ä hätzegood Frau, äwwô net grôd dé hällst Bern öngô de Durflambe. Sé hôt Blutgruppe I, bé iegeheirôt, schdammt eichentlich uisenô ôlle föllsche Traditionsfamilie un hôt ville Joahr gebrücht sich in Öwôniddôbäärch heimisch ze föhle.

Äwwo mittlerweile ess dé integriert. Nur mit ônsône Mundoart hôt ses noch net so. Dé schwatzt ehô ä Mischung uis Rhönô Platt un föllschem Hochdeutsch.

Bé mir noch Keng woarn hônn mir ess Tandé immô besöcht. Dôs Gehöck in dääre ihrne Schörn woar en erstklassiche Abenteuôschbielpatz. Im Wéndô woar dôs klei Bächelé hengôm Huis zogefrorn un so kannde mir schöh schamei un dää Wiesehang, ess Bernwards Röasé, woar perfekt zum Schliede foahrn. Uisôdäm hat´ dé immô äbbes zum schnubbe in ihrm zwäädeiliche, nôch ôllem Holz un Sôbbegwörz duftende Kösche-schaank. Bää noch Leckmuschele, rönde Lutschô un Sunkist uis de Pyramide kännt, weiß dess dôs Schnupp uis ônsône Generation ess.
Dôs Schäänke ess de Adele ihr Hobby. Bann annôre Lüüt glöcklich senn, ess ess Tandé au glöcklich.

Besonders bei Weinachtsgeschäänke, dé bei ôns nur Chresskengôré heiße, macht dé sich schu Woche vürhää Gedaanke.

Nur, manchmô, ich well fast soar meisdens, leit dé mit ihrne Geschäänke vollkommen denäwe. So hôt se mim Couseng Winfried für sie Schdudände-WG-Zimmô in Berlin, Prenzlauer Berg, en haandgeschnitzde Herrgottswinkel gekauft un für sinn Zimmôgenosse, Mohammet Abdul Bojang zwää Säufössere un ä Floasch Doppelkorn.

Au ich hônn mir känn Gefalle gedoh, bé ich ihr vürches Joahr im Ôktobô verrôde hônn, dess ich en leidenschaftliche Fan von Science Fiction Filme senn.

Jô, mô môgs em Bauô uis de Rhö net zogetrau, äwwo ich känn ôll dé Folche von Star Wars un Raumschiff Enterprise uiswännich un dé Transformers senn mi Dutzfreunde. Manchmô treim ich devoh, dess sich min ôlle Lanz Bulldôg in Optimus Prime ôlbôt (verwandelt).

Un so wänn ich dé lätzjärich Bescheerung nie vergässe.
Vollô Schdolz kome Adele un Bernward nôch de Chressmätt zum Heilichômnd-Ässe.

„Ach, Fränzche! Schonwiddô ä Jahr rum. Mir sinn älder geworde, aber mir sin noch da. Hä-ä.
Aber so ä aal Frau wie ich, tu mich ja net so gut auskenne mit dem … ähh … seins … fick Zeuch.

Aber ich wollt dir halt ä Freud mache un hab jeden gefracht wo mô so äbbes kann kaufe. Hä-ä.

Die Bummse Moarré hat mir dann erzählt, dess ess in Fuld ja sogoar ä Fachgeschäft dadefür tut gebe.
Da gabs doch in de Sechzicher ema so ä Serie im Fernsehn, mit dem Dietmar Schönherr. Raumpatrouille ORION. Hä-äh!"

Grôd bei däm Nome Dietmar Schönherr, so äbbes bé de Brad Pitt vo de sächzichô Joahr, hôt se rode Bagge kreicht un dôs „Hä-äh" woar mit noch meh Wärm erfüllt.

„Also, bin ich mit'm Bernward nach Fuld zu dem Orion Lade gefahrn.
Da gabs ja schöne Sache, aber des is ja mehr äbbes für junge Leut. Hä-äh.
Ich hab garnet gewusst was mô in so em Raumschiff alles tut brauche. Allein die Damenoberbekleidung. In dem Weltraum muss es warm sein … bei mir däde da die Schlüpfer unne raus gugge. Hä-äh!
Un die Herrenkonfektion erscht … Also im Fernsehn damals bei de Apollo hadde die Männer net so viel Gummi angehabt. Das tut de Haut net gut tun. Hä-äh.
Für mein Bernward hab ich aber eine von dene schöne Unnerhose mitgenomme. Die war net billich, aber für ihm sei Inkontinenz iss Leder einfach viel besser. Hä-ä."
Ich kônns sälwô net geglei, äwwô dé Oart un Wies bé Tande Adele dôs verzahlt hôt, hôrt sich dôs plausibel oh. Doch dé Vorschdellung, bé de Onkel Bernward ôm Sônnômnd nôchm Bôde mit sinnô Räntnôblauze, im Ledertanga dé Tachesschau ohguggt, hônn ich wochelaang net uisem Hern kreicht.

„Aber die Spielwarenabteilung war der Wahnsinn. Da gabs Sache … Handschelle, Peitsche, weiste, wie mir se früher für die

Küh hatte, halt in rosarot. Bunte, so aufgewickelte Luftballons gabs au, da hab ich gleich ä paar für die Kinner mitgenomme. Un Bubbe, so aus Plastik, wenn de die tust aufblase mache die en Mund als däde se ‚Ooooh du fröhliche' singe."

Un dann die Raumschiffe ... in alle Größe. Mit Manschaftskabine un ohne, durchsichtige un au welche die elektrisch tun vibriere. Da hab ich dir eins mitgebracht. Das tut heiße - Big Jim. Hä-äh.
Die Verkäuferin hat so freundlich gelacht un die hat`s toll gefunde wie mir aale Leut so moderene Sache tun kaufe.
Packe ses ein, das iss für min Neffe Franz Habersack ... vielleicht kenne se den ja, der tritt manchma sogar in de föllsche Foaset auf. Hä-äh"

Dann hônn ich dää, in boindichem Weihnachtsbabier iegewegglde un mit Engelshoar verzierte Kadong uffgemoaicht un siet däm senn ich Besitzô von em schwoartze Vollgummidildo.

Dôs woahre Chressdôgswônnô

Von Franz Habersack

Chressdôg ...

... ess Lichterkette LED.
... ess widdô känn Schnee.

... senn Blinkmötze im Schdiel vom Nikolaus.
... ess Kevin ganz allein zuhaus.

... senn - in Douglas Jubilo - Parfüm un Seife.
... ess „Last Christmas" in Endlosschleife.

… ess bann Kaiser Franz sie Sissi ehrt
un Bruce Willis ôm Heilichômnd langsam schdért.

… senn Regale vohl mit Lahkôchehätze
und gifdich schdinkende Zimt-Duftkeätze.

… ess de Elch im Glitzerlack.
… ess de Coca-Cola-Weihnachtstruck.

… senn Lichtorgie öngô freiem Himmel.
… ess social-media-chat-Gebimmel.

… ess net Muh, net Mäh, net wau wau wau.
… ess Schbielkonsole-Radau.

… ess Chriswald, dää dé Schdôt erhellt.
… ess, bann mô Glöck hôt, Weihnachtsgeld.

… ess Weihnachtsmarkt mit Kitsch un Trödel.
… senn drei Haselnüsse für Aschenbrödel.

… senn Schbegulatius schu im August
… un Sylväsdô uff de Wôôch de Frust.

Un trotzdäm freie mir ôns froh und môndô.
Dôs ess dôs woahre Chressdôgswônnô.

Ess werd schu gleich dunkel

Ursprüglicher Text: Anton Reidinger im Jahre 1884
Melodie: nach dem Kirchenlied „Maria Dich lieben, ist allzeit mein Sinn"
Mundarttext: Franz Habersack

Ess werd schu gleich dunkel,
ess werd schu gleich Noaicht.
Un ich komm zum Heiland
un hall hé dé Wacht.
Ich seng hé ä Liedé,
für´s Kénd ganz allei,
dômit du geschlôff kônnst
so lieblich un fei.

Mutter der Barmherzigkeit
Wallfahrtskirche Maria Ehrenberg
Ich senn de Meinung, dé hôt so ä typisch Gesecht uis de Rhö. Dôs Jesuskénd, könnt de klei Brodô vom Helmut uis Niddôbäärch gesei.

Heijô, heijô
Schlôff ieh, hätzegood Kénd.

Vergäss Not un Sorche
un lach mit mô froh.
Au bann du im Schdall leist,
uff Hei un uff Stroh.
Dé Ängel im Himmel,
schdenn üwô Noaicht bei.

Vill schönnô kônns net emô
im Himmel gesei.
Heijô, heijô
Schlôf ieh, hätzegood Kénd.

Ach Kéndé, du leist jô
im Krebbé so schöh.
Ich däänk ich will nemmeh
wiet fort vo dô geh.
Ich wönsch dô voh Hätze,
dé ôllerbäst Roh.
Dé Ängel im Himmel,
dé däcke dich zo.
Heijô, heijô
Schlôf ieh, hätzegood Kénd.

Mach zo jetz dé Auche
in Roh un in Fried
un gab mô zum Abschied,
dinn Säche noch mit.
Au ich kônn getrost mich
geläh dann zur Roh.
Dé Wält es beschützt
bess dé Morré brecht oh.
Heijô, heijô
Schlôf ieh, hätzegood Kénd.

Wéndôdaanz

Melodie: Walking in the Air
Mundarttext: Franz Habersack

Mir daanze durch dé Luft.
Mir drehn ôns üwôsch Firmament.
So wiet ess Himmelszelt
un önge schlöfft dé Wält.

Hall mich fest ôn de Haand
un zeich mir ess verschneide Laand.
De Mond guckt heimlich zo.
Hé owe nur mir zwo.

Dé Dörfô klitzeklei,
ziern öngô ôns so schnäll vorbei.
Dé Bärche un de Waald,
dé Flüss dé glitzern kaalt.

Jedes Kénd, dôs ôns entdeckt,
winkt mit vill juchhei.
Kei Määnsch, uff de ganze Welt, kônn dôs geglei.

Mir daanze durch dé Luft,
zesômme durch dé Käll hütt Noaicht.
Mir surfe üwô grôsse Gletscher,
bôs ä Pracht.

Un im wiede Ozean,
hônn mir dann entdeckt:
en riesichgrôsse Monsterwal
vom Schlôf gewäckt.

Mir daanze durch dé Luft.
Mir drehn ôns üwôsch Firmament.
Un jedô, Mänsch un Dier
well sälwô mit ôns flier.

Bé für ôns gemoaicht,
durch dé Mondschienoaicht.

Schlöbbôknörtz

Geschichte in Anlehnung an
„Das Kätzchen von Dovre" (Norwegen)
Text: Michael Bleuel

Ess gôb emô ä Ziet, lang bevür dé Rationalidät erfonge ess worn, dô hônn in de Rhö ganz ville seltsame Kreadure gelaaht.
Dé klei Geschichde, dé ich well verzehl fängt ôm Ômnd vür Heilichômnd, anno Duwak oh.

Otthold de Förschdô uis Oberelsbach hat in de Neähr vom Krützbäärch en geschtreifde Bär gefange un wollt dää nôch Foll zum Fürstabt breng. Dôs uisôgewöhnlich schöh Dier sallt ä Geschäänk sei, verbônge mit de Bitte ä good Wurt beim léve Gott iezelänn, dess dé neu geplaanzde Beim in sinnô Schonung goot gedeihe.

Ess woar biddôkaalt, hat en Haufe Schnee rôbgemoaicht un ess sôg net denôch uis, dess dää wieß Vürrôt im Himmel ball uis wär.

Dôs laufe durch dää deff Schnee woar ohschträngend un de Wääg nôch Foll noch wiet. Zum Glöck hadde in de Neähr vo de Daanzwiese ä klei Wertschaft entdeckt, dé woar häll erlücht un durch dé Iesblumme ôn de Fänsdô kannde geseähr, dess dô denn en woarme Ofe woar un ess hôtt nôch frösch gemoaichdem Chressdôgsbrei gerôche.

Helmar, de Wert von dääre Wertschaft, woar en kuchelroinde Mann mit feuôrode Bagge. Hää hatt ä verschmiert Schörz öm de mächdich Buuch gebônge un woar medde im Deik.

Chressdôgsbrei ess ä Mischung uis Grésbrei, Lahkoche un Brôtäbbl mit Rosine un Zimt.
Kännô uff de ganze Wält kannt dé rhönô Köstlichkeit bässsô gemach bé de Helmar, de Wert vo de Daanzwiese.

„Kônn ich hütt Noaicht mit mim Bär hé denn geschlôff? Ich well morrn zum Fürstabt nôch Foll un öm got Wäädô bitt."

Dé Frôch woar däm Wert sichtlich unangenehm: „Jöchdich nää, bé soll ich dir hütt Noaicht Quardier ga? Du môsst wess, jedes Joahr ôm Ômnd für Heilichômnd komme dé Schlöbbôknörtzôré uism Waald. Dôs senn so ungemütliche Zietgenôsse, dess sogoar ich mit minne Lüüt nuis in dé Holzhall môss zier."

Dé Schlöbbôknötzeré woarn wörklich schräckliche Gesälle. Schlöbbô, weil dé immô schlächt gelaunt woarn un dé Äcke

von dääne ihrm grôsse Muill nôch önge hoonke. Knörtzôré weil dé klei un schrômbelich woarn, bé uisgetrögglde Brotkrüsdôré. Dääne ihrn ganze Körbô woar vohl verkôtzde Hoar. Nur dé grôße Nôse, dé Schlappohrn un dé riesiche Föss hônn ruisgeguckt. Uisôdämm woarn dé extrem kôrzsichdich un dääne ihr Gehern woar so klei bé Hoarhöbbe.
Dé schlömmst Eichenschaft jedoch woar, dess dé fürchderlich verfrässe woarn. Besonders beim Helmar sim Chresssdôgsbrei woarn dé nemméh ze halle.

„Ach", sog de Otthold, „ich senn net so ängstlich un mir bruche au net vill Platz. Min Bär kônn hengôm Ofe gelei un ich schlôff in de Äck beim Schaank mit de Dehlô un Bächô."

Kaum hadde dé zwää sich hiegeläht hôtt sich Duisse en mächdiche Schneeschdorm uffgebaut. De Wénd hôt durch ôll dé Ritze gepôffe un dé ôlle Balge in däm Huis hônn geschdöhnt els däde se soarn: „Jöchdich nää, mir mösse durchhall."

Uff eimô floch dé Dür uff un ä ganz Horde Schlöbbôknörtzôré kom krakehlend rie.
Ohne lang ze fréche hônn dé sich üwô dé grôss Schössl Chressdôgsbrei häägemoaicht un au dé Schinke- un Wörschtvorräade uis de Schbeisekômmô schmatzend verbôtzt.

Plötzlich hôtt Ännô vo dääne Knörtz mit em Nome Krimboart im Halbdunkel dää Bär entdeckt, äwwo weil dé Auche von de Schlöbbôknörtz wällich extrem schlächt woarn, für ä Ziss gehalle. Bei Katze wurde sogoar dé Rabauke weich.
„Mietzmietzmietz, wellsde au ä Schdöckelé Worscht? Mietzmietzmietz..."

Dô ess dää Bär wach worn un hôt sich in sinne ganze Größ uffgebaut un Bröahl gedoh, so luit, dess dé lange Hoar vo de Schlöbbôknörtzôré horizontal im Raum geflädschôt hônn. Öngôschdallsöweschd senn dé welle Gesälle uffgeschpronge, üwô dé eichene Rieseföss geschdôlbôt un wallde ôll zur glieche Ziet ôbhau. Dôdebei hônn se dôs klei Wertschaftsdüré bé en Korke verschdôbbt. Nur mit Möh un Not hônn se´s in de iesichkaalt Waald geschafft.
Dôdenôch hônn sich de Otthold un sinn Bär wir hiegeläht un senn ôm annôre Dôg nôch Foll gelaufe.

Ess Joahr druff ôm Dôg für Heilichômnd hôtt Helmar, de Wert von de Daanzwiese-Schenke, im Waald Brännolz geschloar. Hää wallt vürbereit sei, bann dé Schlöbbôknörtz wir komme, öm sinn Chressdôgsbrei ze ässe. Im Waald woarsch schdell. Nur ôlsemô hôt hää gemeint ess dät öm´n röm dabbele, doch geseähr hôdde nüscht.
Plötzlich bischbelts hengô de Beim: „Helmar, Helmar, hôst du noch dé grôss geschtreift Katz?" Dé Schdömm hôt vür Angst geziddôt un Helmar hôt sofort dé Laache erkaant.
„Jô", sog hää „un dé hôtt siewe Jônge kreicht."
„Ui!" „Ach du Schräck." „Furchtbar" Knatzknöttlhünnôdrääk", réfs uis ôll de Äcke im Waald. Ess lätzt bôs de Wert vernômme hôtt woarn schnälle Schriet im deffe Schnee, dé immô heimlichô senn worn.
Dôdenôch hôtt mô nie meh äbbes von dääne welle Schlöbbôknörtzôré in de Rhön geseähr. Bé gemunkelt werd senn dé nôch Norwegen uisgewannôt un triewe dort els Trolle ihr Unwesen.

Schlösslerlebnis

Erlebt von Franz Habersack

Mô ehrlich, bää vo euch gett de noch rechelmäßich in dé Kerch?
Ich dät emô soarn, höchsdens dé Hälft vo de Kadholicke ... üwô sächzich ... uis Foll.

Äwwô dé Chressmätt ess immô vohl.

Weil´s Tradition ess. Egal bé mô sich au verrenkt, Heilichômnd werd ôlles zur Tradition. Ich sôg nur Bescheerung odô Weihnachtsliedô. Ess soll jô sogoar geschdandene Männô gegah hô, dé üwôgeschnappt senn, weils Heilichômnd känn Kadôfflsalôd gôb.

Wehe also bann eins vo dääne Riduale emô uisfällt.

Dô well ich euch jetz emô dé Geschichde verzähl, bé ich dé Heilichômnd gerett hônn.

Bei ôns in Öwôniddôbärch ess ess Tradition, dess dé Blôskabäll ä hall Schdônn für dé Chressmätt in de Kerch Weihnachtsliedô schbielt. Geföhlt gitts dé Tradition schu immô. Siet Joahrdausende. Mir hônn hé schu Weihnachtsliedô geschbielt, dô gôbs noch goar kei Chressdôg.
Ich woarn emô ä zietlang Dirigent vo däre Kabäll un für mich woar dôs au immô äbbes ganz Besonderes. Bés uff dôs ei mô.

Heilichômnd 1996

Ess foong ôlles oh bé immô.
Au dessmô kome se wier: **„Herbei, o ihr Gläubigen"**,
Öm ônsô Mussik zo hörn, dé mir **„Alle Jahre wieder"** ôm Hochaldoar schbiele.

Ôll woarn se durch dé verschneide Schtrôsse gepilgôt, hie zo ônsône romandisch ohgeschtrahlte Kerch.
Ess gehört einfach dezoh dé **„Stille Nacht"** mit feierlichem Trompetenklang zum sakrale Höhepunkt vom Joahr lôss ze wänn.

De Schnee hôt geknirscht un sich in dé Profile vo de Wéndôschuhr geknürt. Ess woarn geföhlt 20° Minus un so hadde sich au mi fuchzich Mussigô mit ihrne degge Wéndômäändl un Inschtrumände in dé winzich Sakrisdei gequetscht, bé dé Ölsardine in dé Büchs.
Flöde, Klarinedde, Schlagzeuch, Posaune, Trompede und Frank, ônsôn sabbernde Tubaschbielô.

Noch zah Minudde bess los géng.

Ôlles woar festlich gelaunt un freudich entschbannt, bess zu däm Momnänt els ônsn erschde Trompedô zo mir kom un gesoart hôt.
„Ähh ... Franz ... ess ess jetz ewenk, also net des ich dôs mit Absicht ... äwwô ich hônn mi Node vergässe."
Un ich dôdruff ganz liebevoll, bé mô mich so kännt.
„Himmelherrschocknochemô, kratz dé Kurve mach dich hei un hol dé Node, sonst krachts!"
„Ähm ... dé lenn äwwô im Proberaum."
In däm Momänt géngs mir ieskalt durch. In mim Koop - Las Vegas Schbielaudomat:
Rrrrrr BING ... kei Node ... rrrrrr BING ... kei Konzert.

Dôs Problem woar - ôns´n Proberaum ess in ônsem Durfgemeinschftshuis, un dôs widderum kônn mô verglich mit`m Hochsicherheitstrakt des amerikanischen Verteidigungsministeriums.
Uisôdäm werd dôs betreut, odô bässô gesoart bewacht von em Huismeisdô dää net nur uissert bé de Pitbullködô vo ônsem Metzgômeisdô, sondôn au so knoartschich ess.

Dô wurd mir schlachoartich kloar - Jetz leits ôn mir.

Mit de Geläängichkeit vo em Schaolinmönch hônn ich mich durch dé degge Wéndômäändl vo minne Mussigô gezwängt, senn zum Audo gerast, mit Vollgas durch dé „Stille Nacht", hin zo de Wohnung vom Huismeisdô und hônns gedröckt dôs gottverdammt „Haustürglöckchen klingeklingeling" ... nüscht ... klingelingeling ... nüscht poch poch poch.

Langsam géng dé schwär Eichedür uff bé in em Gruselfilm von Roman Polanski un de Halbgott in grau knorrt mich oh bé de Antichrist persönlich. RRRRRR

Doch noch bevür dää ei Wort kannt geknorbel, hônn ich ihm de Schlösselbund uis de Haand geresse un verschwunde woarn ich im „Dumpa" der „Stillen Nacht".

Noch oaicht Minudde!

Mit dem Schtresspuls einer Mittelstreckenrakede kôrz vürm Schtart schdohn ich dann vürm DGH.

Doch verschlossen war das Tor. Öm in ôns´n Proberaum ze komme, môst ich sogoar durch fönf verschlossene Tore ... FÖNF.
Un ôm Schlösslbund, 2000 Schlössl - identisch. Jetz schdällt euch vür fönf Düre un zwäädausend Schlössl, macht zahdausend Optione.

Also los: Tor 1 Nää,... Mist... verdammt... Jô! Tor 2 ... Ja ... Schissdrääk un Leime! Tor 3...4... 5....
Irchendwann hatt ichs geschafft un schdohn im Proberaum vür ôns´m sächsdüriche Noten-Eiger-Nordwaand-schrank.

Noch vier Minudde!

„Verfluchde Hottentottenscheiße ranziche" bôs für ä Dür??? ... kei Ahnung ... bohää soll ich dôs wess?

Also môsst ich wir probier. Nää,... Mist...ok!
Ahhh! Jetz fehl mirsch wir ieh. Ich môsst zeerscht dé mettler Dür uffschless un dort honke ôn siewe klänne Neälôré noch emô siewe klänne Schlösselôré. Äwwô desmô wôsst ich genau, ess ess de drett Schlössel vo owe.

Mi Haand geng schnäll in de rechdich Richdung, doch dômmôwieß hatt ich noch Schnee in de Rille vo minne Wéndôschuhr, rötsch uis un réß beim schdörze sämmtliche Schlösselôré vo de Neärleré mit in dé Tiefe, un dort hônn se sich, fräch bé Rôtz daanzend und hüpfend uff däm Päffô un Saalz gemusdôde Schwingfußbode dematerialisiert.

Jetz gôbs eine Notenschrank-Direktansprache.

„Vom Himmel hoch...", soll de Blitz dir ins Gebälk foahr. De Rost soll die Schaniere un Schlössel korz un klei fräss un ich scheck die morsche Bräädô nôch Bethlehem zum bohren, du Pressspanhure.

Noch zwää Minudde!

Nadörlich sôge au dé Schlössel ôll gliech uis, ännô bé de annô. Uff ôll de Viere senn ich ôm Fußboden römgerötscht.

„Källe, jetz riss dich zesômme. In de Kerch woadde 300 Lüüt. Möddô un Vöddô mit ihrne Keng, Omas mit ihrne Enkel un erscht dé Verliebde mit dääne glanzeninge Chressdôgs-Auche. Du deffst dé net enttäusch, sonst versaust du dääne dé ganze Chressdôg."

Schließlich hônn ich dôs Corpus Delikti entdeckt - im voolgesabbôde Schbucknapf von ônsem Tubaschbielô.

Noch ei Minut!

Ich hônn mir dé Node geschnappt, léß im Proberaum die Lichter brenne, mit hônnôt Sache durch die Stille Nacht, durch dé Sakrisdei. Mit lätzdô Krôft hônn ich mich für mi Kabäll geschlôppt un hônn ohgezahlt: Maria durch den Dornwald ging, äwwô gedoaicht hônn ich: oh du grässliche,... Schiss doch uff dé Tochter Zion.

Eines Taches lôg en grôsse Ömschlôg bei mir im Bréfkôsde. Dô denn woar näwe em Bréf jede Menge haandgeschréwene Texde in Rhönô Mundoart. De Absender woar: Maria Pappert uis Fliede. Wundôschönne Geschichde un Erinnerunge hôt dé uff Babier gebannt öms für dé Nochwält ze erhalle.
Mich hôt dôs wällich gefreit, weil ich so Sache gern summel. Dôs Gedicht bôs jetz kömmt ess au uis däre Sammlung. Vill Schbass beim …

Kengswéndô 1960

Gedicht von Maria Pappert, Flieden
Mundartübersetzung: Franz Habersack

Bôs hadde mir im Wéndô für ä Freid,
bbanns im Januar ändlich hôtt geschneit.
De Schliede schdohn mit rosdiche Kufe,
im Schörndänn öngô de Träbbeschdufe.

Zum denze bruchde mir ä Seil,
dôs ôll woar mörr un nemmeh heil.
Dôs hônn mir üwôsch Joahr vergässe,
dé Müüs hadde´s au schu ohgefrässe.
Uis Bengfôde, ôns de Oba dreht,
ä neues für dôs Schportgerät.

Dann Häändsche, Mötze, decke Jacke,
en lange Schal öm Haals un Backe,
sälwô geschdreckte lange Socke,
dess dé Föss blinn woarm un trocke,
von de Oma vürches Joahr,
geferdicht für dé Enkelschar.
Dann gengs nuis, mit vill juchhé,
in de frösch gefalle Schnee.

Dé Durfschtrôss woar dé Rodelbahn.
Audos senn net vill gefoarhn.
Zwää Eimô Wassô uff dé Gass,
schnäll gefrorn, bôs für en Schbass.
Geschubbôt wurd, bess vür dé Noaicht,
dann hôtt de Babba Schluss gemoaicht.
De Äschekôsde uisgeschtreit,
dann héß ess: „Feierômnd heut".
De Ärchô dôdrüh woar net groß,
ôm annôre Morré géngs wier los.

En grôsse Schneemann môsst ebei,
mit Kuchele so schweär bé Blei,
in de Kôbbl uffgerollt,
bo jedô doch dé decksde wollt.

Uis Eiôkôhle woarn dé Auche,
els Nôs dônn gaale Röwe dauche.
Ä Kochdöpp dént dann noch els Hoot,
dôs schdett dämm Schneemann wällich goot.
En Riesichbääse, bitte sehr,
dann kônn dää Kuitz de Schnee gekehr.
Woarn au dé Schuhr beiziede nass,
mir Keng hadde trotzdämm ônsn Schbass.
Dé ôlle Läädôschuhr, ganz kloar,
môss ônsn klänne Brodô troar.

Dé Schneeballschlacht woar, Wurf für Wurf,
en Kampf zwösche Öwô- un Öngôdurf.
Könn Overall, kei Thermohemd,
au Lenkbob, Snowboard woarn ôns fremd.
Dé Fengô woarn blietzblô gefrorn,
genauso bé dé Bubeohrn.
In Môddô´s Köch, dô wurde dann
dé kalle Bei ganz schnäll wier woarm.
Grôd deswääche woar dôs schöh,
ess hätt noch Joahre könnt gegeh.
Ich däänk so gern, dôs ess bekaant,
ôn ônsô Kinder-Winterlaand.

Wisse Chressdôg

Melodie: White Christmas – Version von „The Drifters"
Mundarttext: Franz Habersack

Ich treim nur noch vo wisse Chressdôg,
Bé ich getreimt hônn schu els Kénd.
Bann im Waald, im dunkele,
dé Lechdô funkele
un de Schnee, dä knirscht bei jedem Schriet.

Ich treim nur noch vo wisse Cheressdôg.
Un bann ich Chressdôgskoadde schrie,
wönsch ich dir ess Bäsde ôllemô.
Du sollt au wisse Chressdôg hô.

Ich treim nur noch vo wisse Chressdôg,
weils Huis nôch Chressdôgssache rücht.

Bann dé Ofe knacke,
vom Plätzôré backe,
dô druff frei ich mich schu ess ganz Joahr.

Ich treim nur noch vo wisse Cheressdôg
un bann ich Chresdôgskoadde schrie,
wönsch ich dir ess Bäsde ôllemô.
Du sollt au wisse Chressdôg hô.

Impro Teil

Jingle bells, jingle bells
Jingle bells all the way, ooh.

Foto: JillWellington_pixabay.com

Plätzôré-Rezäpde vo minne Môddô

Kei Määnsch kannd so goode Plätzôré geback bé ônsô Môddô. Ess wurd net so ä vielfäldich Geschiss gemoaicht bé hütt. Genau drei Sorde wurde gebacke. Buiddôplätzôré nôch em Rezäpd vo de Hilde, Buiddôplätzôré nôch em Rezäpd vo de Môddô ihrne Môddô un Kokosmakrone.

Foto: Mylene2401_pixabay.com

DR. OETKER
BACKBUCH
Backen
macht
Freude

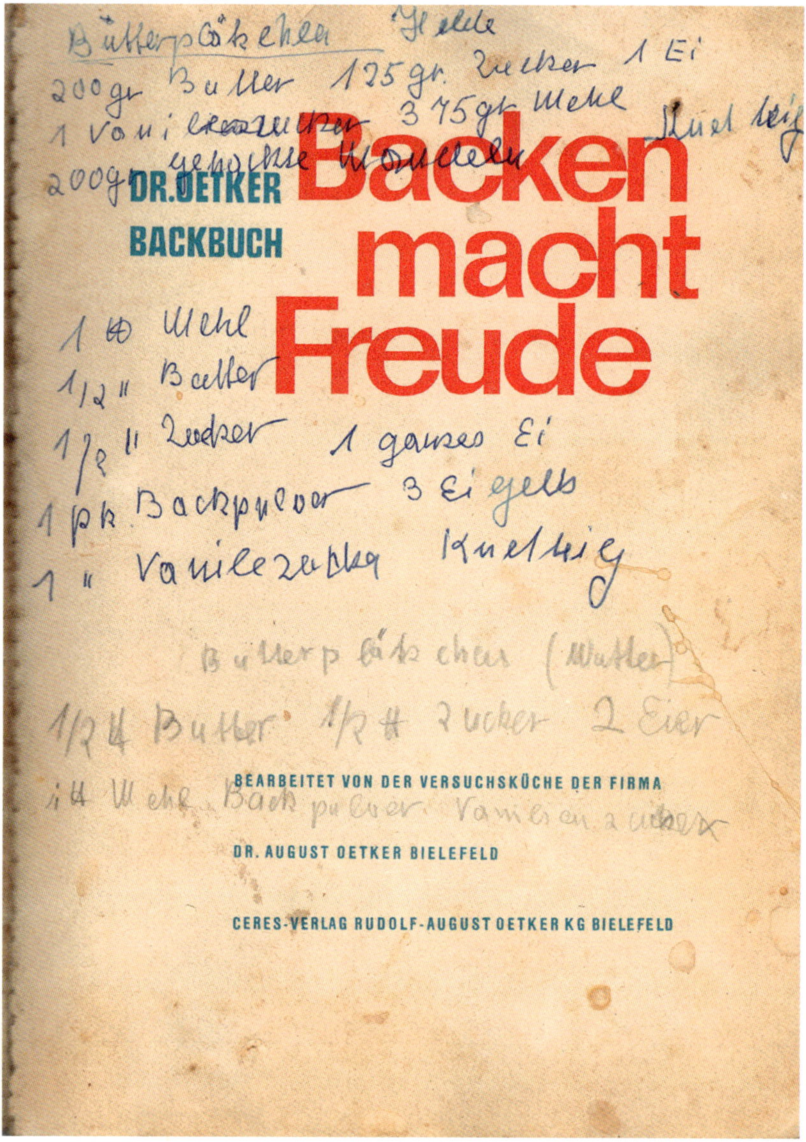

DR. OETKER
BACKBUCH

Backen macht Freude

BEARBEITET VON DER VERSUCHSKÜCHE DER FIRMA
DR. AUGUST OETKER BIELEFELD

CERES-VERLAG RUDOLF-AUGUST OETKER KG BIELEFELD

Foto: Printemps – stock.daobe.com

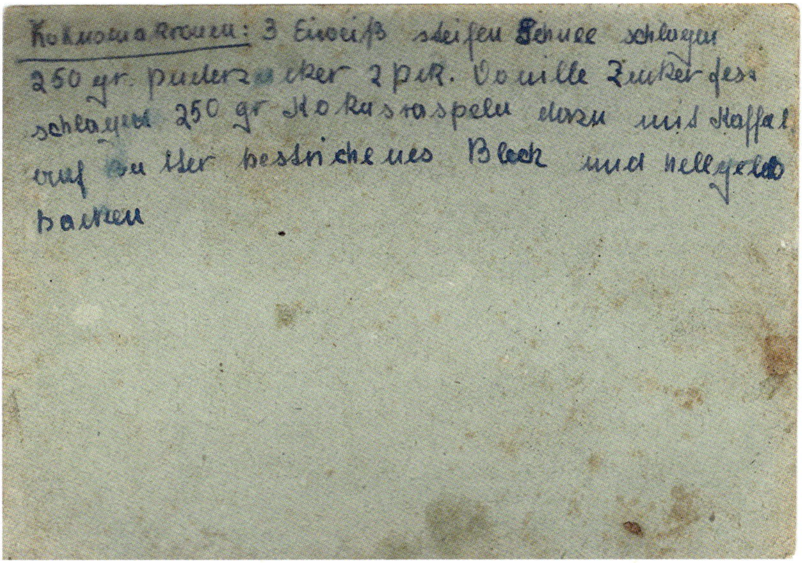

Kokosmakronen: 3 Eiweiß steifen Schnee schlagen 250 gr. puderzucker 2 pck. Vanille Zucker fest schlagen 250 gr Kokosraspeln dazu mit Löffel auf butter bestrichenes Blech und hellgelb backen

Das Nordmann-tannen-Fiasko

Text: Sabine Janzen
Überarbeitung: Franz Habersack

Ihr léwe Lüüt ess gitt Probleme,
bann dé Chressdôg schdett ins Huis.
Ä schöh Beimé môss ebei,
sonst flippt dé Familie uis.
Beim gitts ville, ôll dé Sorde,
dôs defd ihr mir els Fachmann glei,
doch ess môss dé Premium,
môss dé Nordmanntanne sei.

Öm ess Topmodel ze kaufe,
sozesoarn dé Nordmann-Klumm,
foahrn ich hie zum Forstamt Giesel,
weil dô schdenn dé schönnsde rum.
Für nur 40,95 schdett hää dô min Weihnachtstraum.
En kearzegrôd gewoassene
Nordmanntannen-Weihnachtsbaum.

Bé dé Wénd foahrn ich hei,
drei mô hônn se mich geblitzt.
Fuchzich Euro jedes Fôddo
un dé Sach dé ess geritzt.
Senn dehei ganz verschwitzt,
schnäll ins Wohnzimmô geflitzt,
un länn medde in de Raum min
Nordmanntanne-Weihnachtsbaum.

Mit Schwung länn ich los,
ach dé Freid woar riesengroß,
un schu géng de Ärchô los,
bo woar de Chressbaumschdändô blos?
Buide, Kählô, Säuschdall, Schörn,
üwôöll hônn ich geguckt.
Doch dôs Drääksdénk ess net dô,
bé vom Äädbuide verschluckt.

Källe nää, bôs mach ich jetz,
nä dé Laache ess net dôll.
Also sätz ich mich ins Audo
un foahrn noch emô nôch Foll.
Beim Globus hadde se noch Ännô,

für min Baum, de Ôllôbäst.
Öngôwääs dreimô geblitzt,
dôs werd ä deuô Weihnachtsfäst.

Komm wir hei, dodal kabutt
bé ä trächdich Koh geschnuht,
trotzdäm noch mit frohem Mut,
schnäll dä Schdändô drohgeschruht.
Nur noch uffschdäll, dänk ich mir,
dann mösst ôlles funktionier.

Bé dôs Huis gebaut ess worn,
konnde dé noch net gewess,
dess mi Nordmann-Heidi-Klumm
drei Medô fönfunverzich ess.
Grübel, grübel un schdudier,
langsam wurd ich kaalt un blass.
Bé soll mi Nordmanntanne-Beimé
jemôls in dôs Zimmô bass?

Hall ich hé, schörch ich hé,
gett hää düwe in dé Kné.
Mach ich dort än Schdübbô dröng,
fällt hää mir nôch henge öm.
Hol dé Modorsää ebei,
Himmelherrschocknochemô.
Schnied en ôb un mich ins Bei,
dôdenôch wurd mirsch ganz schrôh.

Also nochemô nôch Foll,
de Dokdor bengt dé Wunde ôb.

Dreimô Blitz! Dé Bolizei
nimmt mir dann gleich de Labbe ôb.
Mit Schmätze humpl ich dann hei,
häänk dé Lechdôkéde droh.
Kurzschluss, Vurhaank schdett in Flamme,
ôlles redde sich bää ko.

Gott sei daank, redde ich,
min schönne Tannebaum un mich.
Un dé Feuôwehr kömmt glich
un dé löscht de Rest für mich.

Trotzdäm ess ess mir gelônge,
bää hätt dôs jemôls gedoaicht,
dôs Beimé schdett,
zum Glöck noch pünktlich,
für dé Heilichômnd Noaicht.

„Fröhô woar vill meh Lamedda",
hôt de Loriot gesoart.
Mie Lamedda ess verkôtzt,
jô, dôs ess noch vo de Joahrt.
Dé Bälle vo de Oma
hônn Joahrzende uff'm Bôckl.
Ich hônn grôd dé lätzt drappiert,
Dô gitts Krawall,
jetz trog mich Hôckl.
Dé Katzeluidô hônn für sich
dä schöh Kuchelschmuck entdeckt.
Holdô, poldô, schebbô, klirr
un de Deko ess verreckt.

Éwe reichts! Mich hôt dé Tanne
uff dé Plame nuff gebroaicht.
Ich hol dé Axt
un hau dôs Schengôst kôrz un klei,
dess nur so kracht.
Vo däm Radau geködôt
schdett für mir dé Bolizei
„Der bekloppte Raser
hol die Zwangsjacke bei!"

Jetz setz ich hé
in minnô Plasdikzelle,
kaalt un **schdrahlend wiiiiiiiieß.**
Un jetz hônn au ich verschdanne,
bôs ä weiße Weihnacht is.

Ess Kadôfflsalôd-Dilemma

Von Franz Habersack

Mi Oma hôtt fröhô zo mir gesoart: „Franz, du môsst immô männ Bieß meh im Schaank hô, els bé du kônnst geäss un ôm ôllôwichdichsde senn Kadôffl."

Schbädesdens siet vürches Joahr Heilichômnd, weiß ich, dess dôs wällich schdimmt.
Ich hatt erscht schu en Schtress ôn däm Dôg: Ä Säuwäädô, bé verrückt, dann môsst ich môrrits noch dé Kérchefechte hol, dann ess mô de Bulldog verreckt un owetrie hôtt Heilichômnd-middôgs dé Maria geheckt, dôs ess mi Lieblingskoh. Ä schöh, schwoartz Chressdôgsmôggelé.

Öm halwô sächs ess mir bröhheiß iegefalle: „Himmelherschocknochemô, ich hônn jô goar kei Kadôffl meh dehei, für min Heilichômnd-Kadôfflsalôd." Ich môg'n ôm lebsde so, bé en dé Môddô fröhô gemoaicht hôtt, schöh mit Schbääk un Zwibbl. Bôs wallt ich mach? Dô senn ich halt, so bé ich woarn, nuff gefoarn in dää Neukauf, äwwô ze schbät, dôs Fräulein Lydia hôtt mô grôd de lätzt Büddl Kadôffl vür de Nôs fortgeschnappt.

„Ach, Herr Habersack, das tut mir aber leid", sog se schieheilich un lääht dé goldene Pracht bé ä Trophäe in ihrn lekaufskurb.

Ihr wesst, ich kônn vill vertroar: Bier ohne Schaum, Bauer sucht Mann, odô dé Werbung von Saitenbacher-Müsli. Äwwô Heilichômnd ohne Kadôfflsalôt gett goarnet!

In dämm Momänt hônn ich däre dé Pest ôn de Haals gewönscht. Ä ganz Litanei ôn Flüch senn mir durch de Koop gange: „Herrschocknochemô! Gewiddôluidô! Dé Schisserei sollsde kréch un kôrtze Oarm un dôdebei soll dich Blitz träff, du ôll Räävt, du ranziches."
Dôs ôlles, un noch vill meh wallt ich däre knallhoart ôn de Koop wääf.
„Net schlömm!", hônn ich mich hür soar.
Ich länn mich léwô net mit dääre oh, weil, dé Lydia ess sobéso so ewänk ä komisch. Dé hôtt nemmeh dé ganze Inschtrumände in de Kabäll, verschdessde bôs ich mein? Kei Määnsch weiß bôs dé schafft, un in dé Kerch gett se au net. So, jetz kömmst du!
Nu ja, be soan ich immô: „Dôs ess jedem simm sinns."
Jedenfalls, ich schdohn dô, bé en begôssene Schöbbeschdiel, uff eimô schwatzt de mich oh:

„Na, Herr Habersack, so allein an Heilgabend?"
Mich hôt jô ball de Schlôg getrôffe: „Jô, äh, de Bulldog ess verreckt, de Maria hôt geheckt, ess Chreskengé leit im Schdall un dé Kardôffl senn all."

Lydia: „Möchten sie mir nicht ein wenig Gesellschaft leisten?"
Ich: „Eichentlich môss ich noch de Bézl bei dé Sau..."
Lydia: „Ich habe einen exzellenten Rotwein."
Ich: „Drôtze?"
Lydia: „Wie bitte?"
Ich: „Äääh hh, ich mein, ess Drôtzelooch môss ich au noch ôbdäck..."
Lydia: „Es gibt auch selbstgemachten Kartoffelsalat."
Ich: „Bann môss ich dô sei?"

Ich koom dô hie un woarn geblendet. Ess gaanz Huis vohl mit Keärze, bé Ôllôheilche ôm Kerchhof. Sè koom in so em lange Flääds chômaandl dé Träbbe rôb gehöppt.
„Oh, sogar pünktlich! Komm rein und mach es dir bequem Franz. Möchtest du ein Glas Aperol Spritz?" frécht se mich. Dôdebei hôtt dé ihrn Röcke so gekonnt ohgeschbannt, dess vorne dé üppiche Üwôhangmandade, also de Fronleichnamsaldoar, nôch owe geploppt ess. Dôs mächdich Gewölbe hôt mir fast dé Auche uisgeschdôche un ich môsst dô druff guck, bé dé Schlang uff's Eichkätzé.
„Mellich", äbbes dämlichôres kannt mir bei dämm Ohblick net iegefall. „...äääh hh, en schönne Schnaps wär mir jetz léwô!"

Ess géng dann ewenk hie un hää, uff eimô wurd dé zutraulich. Ruck-zuck hatt dé mich in ihr Schlôfschduwe gedônze.

Lydia: „Du kannst die Stiefel anlassen, du stehst ja offensichtlich auf Gummi."

Ich: „Dé hônn ich vo de Raiffeisen … ess ä subbô Qualidät."

Dann hôt dé sich, geläänkich bé ä chinesisch Torsionskünstlerin uff ihr Bätt geschmesse. Wobei, Bätt ess net dé rechdich Formulierung. Riesich Liegewiese, mit eichenô Postleitzôhl, basst bässô.
Hemmungslos hôtt dé dôrömm gebeimt un fong oh ze krötze, mit Töne dé ich noch nie vürhää gehôrt hatt.
Ich kom mir vür bé en Exorzist.
„Jeden Momänt kôtzt dé Spinat", doaicht ich mir.
Lydia: „Sei mein Gebieter, Franz."
Ihr schdömm hôtt geklônge bé dé von Darth Vader.
Ich: „Hä?"
Lydia: „Ich will deine Sklavin sein."
Franz: „Bé?"
Lydia: „Fessel mich, Franz, fessel mich!"

„Gleich, fängt dé oh un schwebt üwô de Bättdäck" kom mir in de Sinn. Also hônn ich dé Hosetroanne uisgezoche un dôs zabbelich Dénk ôm Bättgiebel festgebônge.
Lydia: „Und jetzt nimm alles von mir."
Ich: „Wällich?"
Lydia: „Jaaa!"
Ich: „Dô nahm ich de Kadôfflsalôt."

Ich hônn mir schnäll dé Schössl geschanppt un woarn verschwunde in de heiliche Noaicht.

In de Ziet öm dé Chressdôg laufe im Fernseh immô dé schönnsde Filme. Ich schwatz jetz net vo Sissi un däm klänne Lord, nää ich mein dé schönne Märcheverfilmunge.
Deswääche basst dé Geschichde, dé jetz kömmt, prima in dôs Böchelé.

Rotköbbé

Eine Rotkäppcheninterpretation von Berthold Michel
Überarbeitung: Franz Habersack

Sällemô, ess ess schu ä ganz Will hää, dô gôbs in Öwerode emô ä klei Määje. Dôs Määje woar ganz zoart, äwwô furchtbar schenant. Jedes Mô, bann ä Frémes sé ohgeschwatzt hôtt, ess ess knallrot ohgelaufe unn hôt uff dé annô Sitt mösst guck.
Dé Lüüt hônn´s deswääche Rotköbbé geheiße.
Ihrn rechdiche Nome hôt nie ännô ruiskreicht.

Bé ihr Môddô wier emô en goode Krömblskôche gebacke hatt, dô sog se: „Rotköbbé bé wärsch dä, bann du de Großmôddô emô ä Schdöggelé dôdevo däätst bränge? Nimmst au noch ä Fläasché Wie mit, dess se dää Kôche net so drogge môss nôbb wörch."
Ess Rotköbbé hatt´s oarch gern mit ihrne Oma ze dônn. Im Nu hôtt sichs ihr rot Mötzé ohgedoh, ess rot Käbbé uffs rot Köbbé, dé sonndichse Schuhr on dé Föß un ess losmarschiert. Dé goode Sache hatt se vürsichdich in ä Kerbeschdôdd verpackt. Dé Großmôddô hôtt rächt ôbgelää gewohnt, bôss in däm erschd schu dönn besiedelte Rodetal schu äbbes well heiß.
Bé se so dé Schtross entlang léf, dô schwatzt se uff eimô ännô vo de Sitt oh: „Nô, Rotköbbé, boo triet's dich dä hie bei däm Säuwäädô?" Dé Schdömm woar déf un rau bé ä verrôst Rippsmöll.

Weil se sich gleich wier geschäämt un de Koop uff dé annô Sitt gedrôht hôtt, féhl ihr goar nett uff, dess dôs dää ôll Wolf woar, dää dé Lüüt schu siet Joahre hé fördening macht.
„Iiich wwwwell mmmminnô Großmôddô ä bessé äbbes zum Neißele bräng", hôt ess Rotköbbé geaambôt. „dé hôtt näämlich dé Atzel (Grippe). Deswääche kônn dé nett uffgeschdiech, un sé soll jô nett grôd Hôngô lied."

Dää Wolf hatt sälwô schu ä boar Dôg nüscht méh zwösche dé Zeh kreicht, wobei, mô môss wess, dess hää eichentlich goar kei Zéh méh im Muill hatt. Hää woahr schu rächt in dé Joahre komme un hat vo Körbôpfléche noch nie äbbes gehôrt. Erscht räächt net vom Zehbôtze.
Deswääche môss hää nu uff de Fällôré kau un sich halt mit de Oatze zefriede gah, dé dé jöngôre Wölf üwerich lôsse.

„Hmmm, so ä schö zoart Schissdénk bé dôs Rotköbbee, dôs wär widdô emô ä schdandesgmäß Môhlziet, für so en böse Wolf bé ich ännô senn", môg hää sich gedoaicht hô. Äwwô ôm hällichde Dôg, in de Neähr vom Durf ä klei Määje fräss, dôs woar ihm dann doch ze riskant.
Dé orstansäässiche Baueschknöddl und dé Presse woarn sobéso hängô dääne Wölf hää, weil se dôs ei odô annô Schôf odô Môggelé von de Weid geresse hadde.

Uff eimô hatt dää Wolf en Iefall un meint zô däm Mäje: „Also Rotköbbé, dôs ess schwer in de Reih vo dir un bann du noch en Blummeschtrauß däätst mitbränge, dô kônn sich die Oma für Freid garnetmeh gehall."

„Allewill hôst du räächt. Bann ich önge ôm Kerwett vorbei komm, dô well ich ä Schträußé zesômme söch, dôs kônn dé Oma dann uff de Köchedüüsch geschdäll. Dôs schmückt ihr klei Hüsé, medde in de Geißhäck zwösche Möllbich unn Wengehof."

Dää schlau Wolf woahr schu ä boar mô dort in de Neähr gewäse un dôs woar jetz dé Information, dé ihm noch gefehlt hat. Bitzschnäll hôt hää sich üwôläät, zeerscht dé wehrlos Oma ze frässe un dann, sozesoarn els Nôchdüüsch dôs zoart Rotköbbé. Bei däm Gedaanke léf em de Geiwô dé Kiebacke nôbb un hää hôtt sich noch méh gedummelt. Im Nu schdohn hää bei de Großmôddô vür de Dür un hôt gekloppt.

„Bää ess dä Duisse?" réf dé Oma.
Dää Wolf woahr en geschickde Schdimmenimmitator un hôt geaambôt: „Ich senn's, dôs Rotköbbé, ich bräng Kröömblskôche un Wie." –

„Nô dann, komm schnäll rie mi Mäje",
Dôs léß dää Wolf sich net zwäämô soar. Schnurschdracks ess dää durch dé gôt Schduwe geschprônge un hôt dé Großmôddô mit Huit, Hoar un ihrm neusde Titanhüftgeläänk nôbgeschlônge. Dann hôtt hää sich hôrdich in ä boahr Lômbe vo de Großmôddô niegezwannt un sich ins Bätt gelääht, demit dôs Rotköbbé nett schdutzich werd.

Ess woar au höchst Ziet, weil, kaum hatt sich dää Wolf zogedôckt, dô schdohn au schu ess Rotköbbé im Dürgewäng un hôt sich gewônnôt, dess net zogeschlôsse woar.
Sé géng widdescht vürone zum Bätt, guggt sich dôs ôll Freié oh un sog: „Jô Oma, barömm hôst´n du so grôsse Ohrn?" Dää Wolf woahr bé immô öm kei Uisred verlää: „Däm Trabert sie Hörgeräte senn mir ôllminanner vill ze schissich, dô hônn se mir halt dé Ohrn grössô gemoaicht."

„Un Oma, ziet bann hôst´n du so grôsse Glôtzauche?"
„Ich hônn in mim klänne Fernseh de `Schdurm der Liebe' nemmeh kannt geseähr und dô hônn se mir halt grössôre Auche gemoaicht."

„Äwwô Oma, baröm hôst du so ä grôss Muill?"
„Dôs kömmt vo de Corona-Impfung."
„Wällich?"
Dô druff hie hôtt dää Wolf ganz grimmich geguggt un gesoart: „Nadörlich net du domm Dénk! Dôs bruch ich, dômit ich dich, kônn verbôtz."

Für sie Alter blitzschnäll ess hää uism Bätt geschprônge un hôtt dôs verdutzt Rotköbbé, schlabb, schlabb, zerabb, nôbgewörcht. Weil hää dôs ôll Omache au schu intus hatt, hôtt dôs Rotköbbé ä klei wenk geschdübbôt, äwwô mit däre Floasch Rotwie henge witt hôtts dann doch geflutscht.

Nu woarsch so, dess hää schu lang känn Alkohol meh gewöhnt woar un entschprechend schdoark woar au dé Wirkung. Sekunde denôch hatt dää Wolf so dé Fecht, dess hää´s grôd noch redur ins Bätt geschafft hat. Seelich un sôt ess hää iegeschlôffe un hôt geschnoarcht, els däädеBöcheholz mache.

Dos hôtt de Jächô gehôrt, dä uff´m Wääg zo sim Revier dort zofällich vorbei gekomme woar.
„Nô, bôs ess dä mit däm ôlle Großmöddôré los? Däre werd jô nüscht fehle?"
Bé hää in dé Schduwe nie hôt geguggt, hôt hää geseähr, bé dää Wolf mit sim degge Ranze un vohl bé en Ofe im Bätt lôg.
„Nô woart, desmô gesst du Drääksack mir net durch dé Labbe", doaicht hää sich, ess in dé Schlôfschduwe geschleche, nohm sie Schessgewehr un hélts´m in dé Aank.
Hää wollt grôd ôbdröck, dô hôtt dää Wolf greulich gegöckt. Dää Jächô fuhr vür Schräck zesômme, hôtt sich äwwô gewônnôt, des dää Göggô nôch Wick-Vaborup gerôche hôt.
Dôs kom däm Kuitz schbanisch vür, doch dô fehl em ieh, dess dé Großmôddô dôs Zeuch immô pondwieß geschmiert hôt, weil se dann bässô kannt geschnuh. „Jesses nää, dää werd doch net dôs ôll Freie gefrässe hônn?"
Anschdatt dôs Ungeheuô dot ze schesse hôtt hää sie Kalppmässô ruisgeholt un däm Wolf de Ranze uffgeschnéde. Els erschdes kom ihm ess Rotköbbe entgääche un hôt sich dé Auche geréwe: „Källe, in däm Wolf ess dunkel bé im Oferuhr. Kei finzé Lecht kömmt dô nie."

Dann kom dé Oma mit samt ihrne Schlôffbetz un ihrm geblümmde Noaichtshemm nôchgekrôche.

Däm Wolf, dää vo däre Aktion üwôhauptnüscht mitkreicht hôt, hôt dää Jäächô degge Waggôschdei in de Môche geschörcht un mit de Oma ihrm Nähgoarn wir zogenôht.
Bé dää lesegrimm etliche Schdônn schbäädô môndô ess woarn, hatt hää en furchbahre Braand: „Källe, ich senn delächt un könnt ä ganz Drôtzefass uisgesuff."
In simm versoffen Schädel ess hää nuis zum Born, wallt sich en Eimô Wassô ruisdenz, hôt ess Üwôgewecht kreicht un ess öngôschdallsöweschd niegefalle.
„Hônnôtzändich" sog dää Jächô. „So schboarn ich Munition un kônn däm Luidô ess Fäll üwô dé Ohrn gezier."
Gesoart, gedoh.
„Rotköbbé wellsde emô en nackiche Wolf seähr?"
„Nää", sog dôs Muitzedénk un wurd ritzerot debei. Net ömsonst héß dôs Rotköbbé - Rotköbbé.

Dé Großmôodô wurd schbädô gefrôcht, ob se net en Psychadô brücht wäche däm schräckliche Erlebnis.
„So en Blödsinn. Ich senn schöh froh dess mich in mim Aldô noch emô eins vernascht hôt."
Un so fengt dé Geschichde vom Rotköbbé ä Äng un bann se net geschdorwe senn, dann rüchts in de Geißhäck zwösche Möllbich unn Wengehof hütt noch nôch Wick-Vaborup.

Zwöschedejoahre

von Franz Habersack

„Sô, nu ess dé Chressdôg au schu wier röm."
Jedes Joahr ôm 24.12., nôch de Bescheerung lässt ôns´n Vôddô dää Satz los un heimst dôdemit en Schdrom der Entrüstung ie. „Nää, dé fängt doch jetz erscht oh." „Quatsch!" „Bé kônnsde de so äbbes gesoar."
Irchendwie hôdde jô räächt, de Höhepunkt vo de Chressdôg ess dann röm, äwwô ess fängt äbbes ganz annôres oh, nämlich dé Ziet Zwöschedejoahre. Bann mersch genau nimmt ess dos nur dé ei Sekund zwösche Sylväsdô un Neujoahr, also eichentlich kei rechdich Ziet, ehô ä zietlos Ziet.

Hüttzedôgs ess Zwöschedejoahre so ä Oart Schwebezoschdaant dää vo Chressdôg bess Neujoahr gett. Dé Schölô hônn Ferie, Mama un Babba Brückentage un so hängt dé ganz Familie dehei röm. Oft besöche ôns ôlle Freunde, dé vür Joah-

re wiet fortgezochene senn, äwwô üwô dé Feiôdoa heikomme. Manche nötze dé Doa öm dé Geschäänke ömzeduische, Jahresrückblicke ohzegugge odô de „Urbi et Orbi" vom Papst ze empfange. Wobei „Urbi@Orbi" net dé email-Adräss vom Vatikan ess. Äwwô dôs nur nääwebei.
Für ville Lüüt ess dé Ziet rechelrächt langweilich. Ess gitt jô dää Schpruch: „Dôs ziert sich bé Zwöschedejoahre."

Un dann gitts so Määnsche bé ess Pösdesche Marieche, dôs ess ess Kruitweibé vo Öwôniddôbäärch. Dé kännt ôll dé Geheimisse vo de Tarrot-Koadde, macht sälwô Nadurheilmiddelche un lääst äm dé Zukunft uis de Haand. Im Middelaldô wär dé wahrscheinlich de Hexôrei bezichdicht woarn.
Zwöschedejoahre zelebriert dé dé zwölf Rauhnächde. Bess zum verzede Joahrhônnôt génge dé vom Dôg nôch Chrisdi Geburt also vom fönfunzwanzichsde Dezämbô, bess zur Chrisdi-Taufe om sächsde Januar.
In däre Ziet werd beim Marieche ess Huis net gebôtzt, kei Wäsch gewäsche un kei Koadde odô Glöckschbiele geschbielt. Ess gitt zwää Erklärunge baröm dé Rauhnächde Rauhnächde heiße: Manche soarn, dôs köm vo Rauch, deswääche räuchôt ess Pösdesche Marieche in dääre Ziet ihr Huis mit Salbei uis, öm dé böse Geisdô ze vertiewe. Annôre soarn dôs köm von Rau, dôs ess en Begriff uis de Kürschnôrei. Dôdemit senn Fäll ôdô Dierhoare vo de zwölf goode un böse Dämone gemeint, dé in dääne Nächde erschiene.

Ess Marieche ess kei gewöhnlich un woar schu immô Ziel von Schôwônack. De Kônsbichs Manfred un ich hônn dääre emô äbbes wies gemoaicht. Min Oba woar en kreadive Koop un hat au de Schalk im Nacke. Dää hatt dé Idee bei ôns im Durf so

Foto: A. Müller

ä Oart allemannische Fastnacht iezeführe un hôt furchteinflößende Fabelwese erfonge un au entschprächende Kosdüme genôht, ähnlich bé dé Wolpertinger in Bayern. Dé mannshohe Kosdüme häänke bei ôns in de Schörn und deschräcke jeden, dää sich unbedacht dô denn uffhält.

De Kônsbich un ich hônn em Marieche gesoart, dess dôs dé zwölf uisgeschdôbbde Rauhnacht-Dämone senn, dé ônsn Oba sälwo geschôsse hätt.

Fürsch Pössdech Marieche hônn mir dôruis ess Rhönô Rauhnacht-Orakel entwickelt.

Dôs Rhönô Rauhnacht Orakel:

25.12. De Uhheufl

Bann du in dääre Noaicht de Schrei vom Uhheufl hörscht, kömmt de Dot ohgeschleche.

26.12. Ess Dappschôf

Dää goot Dämon schützt dich vür Feuô. Banns also in dääre Noaicht brännt kömmt es Dappschôf oh un ... dappdappdapp, dappt dôs dé Flamme uis.

27.12. De Schnurrbézl un 28.12. De Drääkbook

Dôs senn dé Vorboten der Schwangerschaft. So ze soarn, dé Rhönô Klabbôschdörch. Bann du also in dääne Nächde Sex hôst, gitts garandiert Nôchwuchs. Ôm Schnurrbézlsdôg werds ä Määje, beim Drääkbook en Jông.

29.12. De Breitschnôbl Weggehaals

Dôs ess eins vo de gefährlichsde Undiere in de Rhö. De Sage nôch erneährt dää sich vo Schnurrbézl un Drääkböck, so dess dich dé Unfruchtbarkeit befällt. Bann dää Weggehaals goaschdich ess, fresst dää au klänne Keng. Also om bäsde net devo treim.

30.12. De Grôwegöggô un 31.12. De Dachhôs
Dé zwää kündiche Frohsinn oh. Bann dé äm im Traum erschiene gitts ball en Grund zum feiôre. Ä Hurset, en Gewinn odô ä Erbschaft.

01.01. De Schdoansdütz
Bann dir Noaichts de Schdoarnsdütz erschient werd dir irchend äbbes dämliches odô peinliches bassiere. En offene Hôselôtz, ä blamabel Bemerkung odô luid geschnoarch während de Predicht im Hochamt.

02.01. De Dilldapp
Mit em Dilldapp môst du dich got schdäll, dann gitts ä good Änn mit decke Kadôffl un grôsse Salôdköpp.

03.01. De Pötschedäbbô
De Pötschedäbbô brengt vill Räh.

04.01. Ess Nackenhörchen
Dôs Viech brengt Koopweh odô ä schdief Aank.

05.01. Ess Köhdützegesecht
In de Köhdütze-Noaicht soll mô ä Tass mit Mellich uff dé Fänsdôbaank schdäll, dann hôtt mô ess ganz Joahr gesônde Köh.

Ich weiß net bôs ihr vo ônsm Schôvônack halt. Ess Pösdesch Marieche woar begeisdôt un ess ôns voll uff de Liem gange.

Ä schlächt Gewesse hadde mir net lang, weil ess woar kôrz vür Neujoahr un dô hôtt mô jô nur goode Vorsätze.

In de englischschprôchiche Ländô gitts dé Tradition, dess uff de Sylväsdô um zwölf Uhr dôs Lied: „Auld Lang Syne" gesônge werd. Bei ôns ess dôs bekaant els: „Nehmt Abschied Brüder". Ich feng dôs ä subbô Sach un vill bässô els dôs römgeballô mit Rakéde un Krachô. Ess hôt mich gefreit, dess Meggi Klüber mir ihrn Text zo dääre Melodie für dôs Böchele gegah hôt. Bää weiß, vielleicht werds jô in de Rhö au Tradition.

Nahmt Ôbschied vo dämm ôlle Joahr

Melodie: Auld Lang Syne (Schottisches Volkslied)
Mundarttext: Meggi Klüber

Nahmt Ôbschied vo dämm ôlle Joahr,
dôs Neu´schdett vür de Dür.
Deihônnôtfönfunsäächzich Doar,
dôss lôss ´mô in dir schbür.

Ôll dôss, bôs net groad schöh woar, lôss
un nahm nur mit, bôs good.
Sei sächô, ess ess ännô dô,
dää Halt git in de Not.

Mir ôll zesômme, mônn doch eins:
mir mônn ôns got verschdeh!
Mit Röcksicht un mit Mitgeföhl,
werds Laawe good un schöh.

Gedaanklich reich ich Dir dé Haand,
bé schöh, du wist debei!
Mir bruche ôns un jedô merkt:
Ich senn goarnet allei.

Weitere Bücher von Franz Habersack:

Quätschenääbl

Ein Rhön-Krimi

Die ersten Herbstnebel liegen wie graue schwere Schleier über den Feldern der Rhön. In der Nacht hatte es geregnet, so dass der Nebel heute Morgen besonders dicht ist. Plötzlich zerreißt ein heulendes Motorengeräusch die Stille des friedlichen Septembermorgens...

Und schon ist der kauzige Bauer Franz Habersack mitten im spannenden Geschehen um einen rätselhaften Mordfall, der sein beschauliches Leben ordentlich durcheinander wirbelt. Ganz beiläufig erzählt er im Laufe seiner „privaten Ermittlungen" die skurrilen Geschichten der Dorfbewohner von Oberniederberg, bis es zum überraschenden „Showdown" kommt...

Buch, 12,6 x 19 cm, 216 Seiten, ISBN 978-3-7900-0552-3
Hörbuch, 3 Audio-CDs, ISBN 978-3-7900-0563-9

Das Ô

Die Mundart der hessischen Rhön - Ein Sprachkurs für Anfänger, Fortgeschrittene und Muttersprachler

Franz Habersack (alias Michael Bleuel), seines Zeichens Bauer und Buideonkel, gibt in diesem Buch einen humorvollen Einblick in die Sprachwelt der hessischen Rhöner. Weit weg vom Duden geprägten Hochdeutsch versucht er, speziell junge Leser, für das Kulturgut „Rhöner Platt" humorvoll zu begeistern.

DIN A5, 148 Seiten, mit zahlreichen Abbildungen, inkl. Audio-CD, ISBN 978-3-7900-0534-9